عالَمُ قَمَر

الطبعة الأولى 2022

تأليف: **نجوى زريق**

رسومات: **فاتن جرّوس جريس**

التحرير الأدبي: **لؤي وتد**

مراجعة النّص وإعداد الملحق للكتاب: **منال صعابنة**

تدقيق لغوي: **مريم سويدان مصالحة**

تصميم: **مالك كيها**

أطافيل

ISBN 978-965-7788-12-7

عالَمُ قمَرُ

تأليف: نجوى زريق

رسومات: فاتن جرّوس جريس

إلى الغالِيات نَرْجِس، أريج، هِبة وَياسمينة، كُلُّكُنَّ أقمارٌ في سمائي.
نجوى

إلى سَميرَة، عالَمي وَإلْهامي
فاتن

عِنْدَما تفتحُ قَمَر عَيْنَيْها، وَتُشْرِقُ الشَّمْسُ
تَسْتَيْقِظُ مُسْرِعَةً لِتَفْعَلَ أشياءَ كَثيرَةً، أشياءَ كَثيرَةً وَعَديدَةً.
قَمَرُ مَشْغولَةٌ دائِمًا، دائِمًا.
وَالوَقْتُ لا يَكْفيها أَبَدًا، أَبَدًا...

عِنْدَما تَحْتار قَمَرُ ولا تَجِد الجَواب،
تَسْألُ ألْفَ سُؤالٍ، تَسْألُ، وَتَسْألُ، وَتَسْألُ.
حَتَّى يَمْتَلأَ رَأسُها بِعَلاماتِ تَعَجُّبٍ واسْتِفْهام!
تَبْحَث قَمَرُ لَيْلا ونَهارا.
في الأرْض وَعلى سَفينة فَضاء،
عَنْ إجاباتٍ لِكُلِّ سُؤالٍ.
وَتَبْقى هَكَذا وُقْتًا طَويَلًا، طَويَلًا..

عِنْدَما تَضْحَكُ قَمَرُ، تَفْتَحُ فَمَها فَوْقَ المُسْتَطاع
وَتَضْحَكُ بِصَوْتٍ عالٍ،
ها ها ها هو هو هو هي هي هي

تَضْحَكُ، وَتَضْحَكُ، وَتَضْحَكُ
وَيَسْمَعُها كُلُّ مَنْ في الأَرْضِ، وَخارِجَ الأَرْضِ،
يَقْهقِهُ أَهْلُ زُحَلٍ، وَيُكَرْكِرُ سُكّانُ أُورانوس،

وَتَبْقَى هَكَذا وَقْتًا طَويلاً طَويلاً طَويلاً...

عِنْدَما تَبْكي قَمَرُ
تَسيلُ عَلى خَدَّيْها شَلّالاتٌ مِنْ دُموعٍ،
تَسيلُ وَتَسيلُ، وَتَسيلُ...

وَتَفيضُ الدُّنْيا بَحْرًا مِنَ الدُّموعِ،
تَسْبَحُ فيهِ مِثْلَ سَمَكَةٍ،
تارةً تَرْكَبُ المَوْجَ وَتارةً تَغوصُ،
وَتَبْقى هكَذا وَقْتًا طَويلًا، طَويلًا..

عِندَما تَخرُجُ قَمَرُ لِنُزْهَة،
فَهيَ تَلُفُّ الكُرَةَ الأرْضِيَّةَ كُلَّها
تَلُفُّ وَتَلُفُّ وَتَلُفُّ
تَلُفُّ وَتَدورُ

حَتّى تُصابَ الأرْضُ بِالدَّوَران،
وَحَوْلَ الشَّمْسِ حينَ تَلِفُّ وَتَدورُ،
تُشعِلُها بِالنّارِ والنّورُ.

وَتَبْقى هكَذا وَقْتًا طَويلًا طَويلًا
طَويلًا...

عِنْدَما تَركَبُ قَمَرُ دَرّاجَتَها
تُسْرِعُ، وَتُسْرِعُ، وَتُسْرِعُ...

حَتّى يَغارَ مِنْها القَمَرُ
فَيُسْرِعَ، وَيُسْرِعَ، وَيُسْرِعَ،

يَتْبَعُها بَيْنَ البُلْدان
لا يَسْبِقُها، وَبِالكادِ يَلْحَقُها

وَتَبْقى هكَذا وَقْتًا طَويلًا، طَويلًا...

عِنْدَما تَتَأَرْجَحُ قَمَرُ
تَتَأَرْجَحُ عالِيًا، عالِيًا، عالِيًا...
حَتّى تَدُقَّ رِجْلاها أَبْوابَ الغُيوم،
وَتَقْطِفَ يَداها باقَةً مِنَ النُّجوم،
تَنْثُرُها في كُلِّ مَكانٍ،
تملؤ عينيها بريقا ولمعان
وَتَبْقى هكَذا وَقْتًا طَويلًا، طَويلًا...

وَتَبْقى هكَذا وَقْتًا طَويلاً طَويلاً طَويلاً...

عِنْدَما تَرْسُمُ قَمَرُ
تَرْسُمُ، وَتَرْسُمُ، وَتَرْسُمُ...
فَتَصْنَعُ عالَمًا جَديدًا كُلُّهُ إِبْداعٌ وَخَيالٌ،
لَوْحَةً تَمْتَدُّ مِنَ الأَرْضِ إِلى السَّماءِ،
تَكونُ فيها حوريَّةُ بَحْرٍ، أو سَمَكَةُ قِرْشٍ
تَكونُ نَسْرَةً أو عُصْفورَةٌ تَطيرُ خارِجَ العُشِّ

وبقيت هكذا وقتاً طويلاً طويلاً طويلاً..

عِنْدَما تَرْقُصُ قَمَرُ
تَهُزُّ خَصْرَها، تَهُزُّهُ، وَتَهُزُّهُ، وَتَهُزُّهُ
حَتّى يَهْتَزُّ البَيتُ، وَما حَولَ البَيتِ،
تَرقُصُ مَعَها الفَراشاتُ،
وَحيتانُ البَحْرِ،
وَتَهْتَزُّ الرّيحُ وَالمَوجاتُ،
وَتَبْقى هكذا وَقْتًا طَويلًا، طَويلًا...

عِنْدَما تُغَنّي قَمَرُ
تُغَنّي، وَتُغَنّي، وَتُغَنّي...
فَيَطْرَبُ الْحَجَرُ، وَيُغَنّي الزَّهْرُ وَالشَّجَرُ،
تُدَنْدِنُ الشَّمْسُ وَالْقَمَرُ،
وَتَبْقى هكَذا وَقْتًا
طَويلًا، طَويلًا...

عِنْدَما تَغْضَبُ قَمَرُ
تَضِجُّ وَتَنْتَفِضُ،
تَغْضَبُ، وَتَغْضَبُ، وَتَغْضَبُ...
فَيَرْتَبِكُ المِرّيخُ،
وَيَسْألُ المُشْتَري عَنْ سَبَبِ هذا الرّيحِ!!
تَتَوَقَّفُ الأوْقاتُ،

وَتَخْرُجُ العَقارِبُ مِنَ السّاعاتِ،
لِتُساعِدَ في حَلِّ المُشْكِلاتِ.

وَتَبْقى هكَذا
وَقْتًا طَويلًا،
طَويلًا...

عِنْدَما تَغِيبُ الشَّمْسُ في المَساءِ،
وَتَتْعَبُ قَمَرُ وَتَشْعُرُ بالعَناءِ،
تَتَثاءَبُ، تُغْمِضُ عَيْنَيْها،
تَنامُ، وَتَنامُ، وَتَنامُ...
حتّى... تَفْتَحُ قَمَر عَيْنَيْها وَتُشْرِقُ الشَّمْسُ

دولاب العيد

ملحق تعليمي

يرِدُ ذكرُ العديد من الأجرام السماوية في هذه القصة (الجرم السماوي، هو كل جسم موجود في الفضاء،
مثل: الشمس، القمر، زحل، أورانوس، المريخ، المشتري وغيرها الكثير) وهذه فرصةٌ للتعرّف عليها أكثر
برفقة الأطفال، وعلى عواصف المشتري (في صفحة قمر الغاضبة) ودوران الأرض ولمعان النّجوم.

وفرصة أيضًا للتّعرّف على العالم الكبير أبو الريحان البيروني 973 حتى 1048

ساهم البيروني في مجالات عدّة من العلوم، كالجغرافيا والفلسفة والهندسة والرياضيات والفيزياء
والصيدلة والفلك وغيرها، وهو من اكتشف أن الأرض تدور حول نفسها، وأنّ هذا الدوران هو السبب
في تعاقب الليل والنهار.

كما أنه قام بحساب بعد القمر عن الأرض، وأبعاد وأحجام عطارد والزّهرة والمريخ والمشتري وزُحل.

سلفادور دالي 1904 حتى 1989

"إصرار الذّاكرة" هو عنوان أشهر لوحات الفنان الكتالوني الإسباني، سلفادور دالي، والتي تظهر في مشهد
الغضب في هذه القصة. اشتهر دالي، بغرابة شخصيّته ولوحاته، أحبّ الرسم من طفولته، ولاقى تشجيعًا
لموهبته من والدته، فكَبُرَ وتعلّم الفنون في مدريد، وجرّب العديد من الأساليب في الرسم، قبل أن يرسو
على الأسلوب السريالي، الذي ميّز أشهر لوحاته.

نجوى زريق

مربّية أطفال من قرية عيلبون الجليليّة، وتسكن في حيفا، وتعشق البحر والقراءة.

عالَمُ قَمَر هي قصّتها السابعة للأطفال. صدر لها سابقًا عملان تمتّ مسرحتهما وهما "أين جورب كنغر" وَ"عملاق أمير الصغير"، وتعاونت في أعمالها مع أكثر من دار نشر.

فاتن جرّوس جِريس

عاملة اجتماعية، مستشارة تنظيميّة وفنانة، من مواليد شفاعمرو وتسكن في يافا. تختّص فاتن برسم كتب الأطفال بتقنيّة الكولاج (كما في هذا الكتاب) وقد صدرلها العديد من الكتب (حزّر فكّر، لوكنتِ صديقتي، وغيرها). شاركت رسوماتها في عدّة معارض في أنحاء البلاد.